27 Avril 1887.

1 note

COLLECTION

DE

M. G. P...

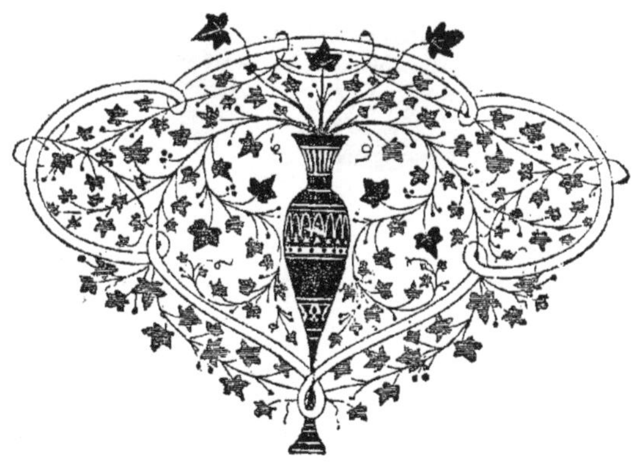

Vente des 27, 28 et 29 Avril 1887

EXEMPLAIRE DE H. STETTINER

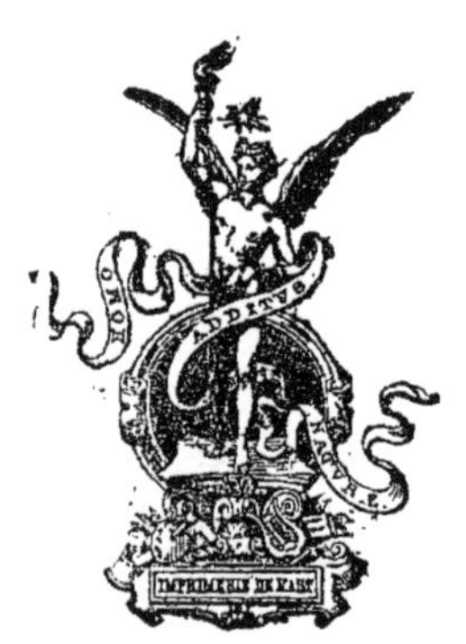

CATALOGUE

DES

OBJETS D'ART

ET DE HAUTE CURIOSITÉ

Manuscrit du XVᵉ siècle, sur vélin, avec miniatures

Panneau peint du XVIe siècle
Antiquités, Objets de vitrine, Argenterie, Orfèvrerie
Bijoux turcs, arabes et circassiens ; *Bijoux antiques*
Porcelaines de Saxe, de Chine et du Japon
Émaux cloisonnés
Jolie réunion de Bronzes, Ivoires, Laques et Bois sculptés
Suite intéressante d'armes européennes et orientales

Tapis d'Orient
Meubles et Bronzes d'ameublement

Composant la Collection de M. G. P...

ET DONT LA VENTE AURA LIEU

HOTEL DROUOT, SALLE Nº 5

Les Mercredi 27, Jeudi 28 et Vendredi 29 Avril 1887

A 2 HEURES

COMMISSAIRE-PRISEUR

Mᵉ **G. BOULLAND**, 26, rue des Petits-Champs, 26

EXPERTS

M. S. MAYER	**M. E. SORTAIS**
5, rue Laffitte, 5	2³, rue des Capucines, 23

EXPOSITION PUBLIQUE

Le Mardi 26 Avril 1887, de 2 heures à 5 heures 1/2

CONDITIONS DE LA VENTE

Elle sera faite au comptant.

Les acquéreurs payeront en sus des enchères *cinq pour cent*, applicables aux frais

L'exposition mettant le public à même de se rendre compte de l'état des objets, il ne sera admis aucune réclamation une fois l'adjudication prononcée.

Paris. — Imp. de l'Art. E. Ménard et J. Augry
41, rue de la Victoire, 41

DÉSIGNATION DES OBJETS

MANUSCRIT

OBJETS D'ART ET DE VITRINE

MATIÈRES PRÉCIEUSES, CURIOSITÉS

MEUBLES, LAMPES DE MOSQUÉE

BRONZES D'AMEUBLEMENT

1 — Livre d'Heures, beau manuscrit du xve siècle, sur vélin in-4º, orné de onze grandes
miniatures, avec encadrements. — Imitation
d'ancienne reliure en peau de truie, fers à
froid, en maroquin rouge, avec compartiments. Belle conservation.

2-3 — Deux beaux panneaux de broderie au
passé, d'or et d'argent, dans leurs cadres de
l'époque Louis XIV.

Haut., 42 cent.; larg., 34 cent.

4 — Buste de Minerve, dont le casque est taillé dans une améthyste dont les panaches sont figurés par des ornements d'or ciselé; la tête, en cornaline finement sculptée, est séparée de la cuirasse, prise dans une émeraude taillée, par un collier de diamants. L'embase, en saphir taillé, est jointe au buste par une monture d'or, à côtes enrichies de colliers de rubis, émeraudes et brillants.

Magnifique travail de lapidaire, dans le goût du xviie siècle.

5 — Charmant petit cachet en sardoine blanche, à quatre figures de femmes, monture en or ciselé, orné de roses et rubis, dans le goût de l'époque Louis XV.

6 — Joli pendentif rond, en cornaline blanche, représentant une pleine lune sur monture or ciselé. Travail du xviiie siècle.

7 — Cordon Régence, Louis XVI, en or, dont les maillons sont composés de plaquettes séparées et ornées d'appliques d'ors de couleur ciselés.

8 — Belle boîte en or de l'époque Louis XIV, offrant sur chacune de ses faces des sujets gravés en champlevé et sur les côtés des feuillages et ornements.

9 — Boîte en or, de l'époque Louis XV, dont le couvercle repoussé offre une scène pastorale; le fond et les côtés sont gravés d'ornements.

10 — Très joli éventail de l'époque Louis XV, peinture sur parchemin, représentant le Triomphe de l'Hyménée. D'un côté et de l'autre Diane et Endymion.

Monture en nacre repercée d'ornements et d'amours dorés.

11 — Charmant petit éventail en ivoire repercé, époque fin Louis XVI. Au centre, miniature dans le goût de Vallin : Nymphes brûlant les flèches de l'Amour.

12 — Bel *Ex-voto* en filigrane d'or, représentant les deux aigles de l'Empire de Charles-Quint, parsemé d'émeraudes et grenats. Travail espagnol du xviiie siècle.

13 — Montre en or à fond repoussé d'ornements et enrichi de topazes, améthystes et turquoises.

14 — Petite montre Louis XVI en or à fond orné d'un bouquet d'or de couleur.

15 — Charmante miniature de l'école italienne de la fin du xviɪᵉ siècle, représentant Didon sur le bûcher.

16 — Jolie miniature : portrait de jeune femme de la fin du xviɪɪᵉ siècle, dans un cadre d'argent doré ; fond cheveux, chiffre AL, repercé.

17 — Sceptre en jade, dont une extrémité est terminée par une tête de dragon ; sur le corps, des ornements en relief.

18 — Jolie tasse en jade, forme de gobelet à anses, reposant sur trois pieds. Le corps du vase est orné de gravures, animaux, grecques et ornements.
Socle en bois, découpé à jours.

19 — Petite coupe en jade, de forme oblongue, à branchages sculptés à jour et en relief sur son pied en bois de fer.

20 à 23 — Petite coupe et sa soucoupe en agate blanche.

Autre coupe analogue à la précédente, en même matière.

Deux petits vases, à pied en agate.

24 — Autre coupe en agate, de dimensions plus importantes.

25 — Tabatière en écaille garnie d'or, de forme ovale, offrant sur son couvercle un portrait de femme. Miniature sur ivoire.

26 — Joli petit flambeau à deux branches, en jade vert. Le piédestal, en matière pareille, est incrusté de turquoises.

27 — Bonbonnière ronde, en argent gravé, encastrant un entourage en ivoire, travaillé en forme de vannerie. Sur le couvercle, un médaillon représentant le roi Louis XVI.

28 — Bonbonnière en écaille laquée et pointillée d'or, offrant sur son couvercle un portrait

de jeune femme dans l'attitude de la médi-
tation.

Époque Louis XVI.

29 — Petite bonbonnière en écaille, de forme
ronde. Monture or guilloché, offrant sur son
couvercle un portrait de femme dans un
cadre de forme ovale.

3o — Autre petite boîte en cuivre émaillé, fond
rose, présentant en relief des attributs et
scènes champêtres, en or. Monture argent.

31 — Boîte carrée, figurant une commode, à décors dorés sur fond blanc. La monture du
couvercle est en argent.

32 — Boîte ronde en cuivre repercé à jour de
dessins et rinceaux dans le goût de la Renaissance.

33 — Petite bonbonnière de forme ovale, dont le
dessus du couvercle représente un bouquet de
fleurs ; peinture sur émail.

34 — Boîte en bois, de forme ronde, offrant sur son couvercle une fête villageoise dans un paysage. Miniature gouachée.
Époque du xviiie siècle.

35 — Jolie petite boîte ronde, en écaille incrustée de losanges de nacre, alternant avec des losanges de métal d'or.

36 — Statuette en ivoire représentant l'Automne.
Travail italien du xviiie siècle.

37 — Statuette d'Égyptien, en marbre.

38 — Flacon en cristal, dont le bouchon et les deux faces sont en argent garni de demi-perles et de turquoises.

39 — Superbe jeu de jacquet, en ébène incrusté d'ivoire; à l'intérieur, la bordure est composée de fauves et reptiles courant dans des rinceaux de feuillages sculptés en relief.
Remarquable travail persan de marqueterie et incrustation d'ivoire.

40 — Jeu de jacquet en marqueterie de bois et
d'ivoire.

41 — Petit cabinet en bois incrusté d'os gravé,
figurant des cercles et des feuillages courant.
Travail italien de la fin du xviie siècle.

42 — Curieux coffret en défenses de porc-épic,
maintenues par des baguettes et montants en
bois incrusté d'os. L'intérieur, à double fond,
contient neuf compartiments, dont les couvercles sont incrustés d'ivoire.

43 — Coffret composé de plaques carrées d'a-
gate serties sur griffes argent.
Travail du xviiie siècle.

44 — Petit coffret en malachite, offrant sur son
couvercle une scène russe en mosaïque, signée
Wehler. L'intérieur en marbre jaspé. Monture en or.

45 — Petit coffret en fer incrusté d'or, dont le

couvercle présente à l'intérieur et à l'extérieur des rinceaux et personnages.

Travail italien de la fin du XVIIᵉ siècle.

46 — Très belle pendule de l'époque Louis XIV, ornée de bronze finement ciselé et doré, signée : Cognet, à Paris. Socle allant avec, mais de fabrication moderne.

Haut., 97 cent.; larg., 38 cent.

47 — Belle pendule et son support, de l'époque Louis XIV. Écaille incrustée et ornée de bronzes ciselés et dorés.

48 — Jolie crédence-étagère de la Renaissance, en bois sculpté et marqueterie, ornée de mascarons, pilastres et cariatides en bois sculpté. Le bas du meuble est à deux panneaux, dont la marqueterie représente l'aigle à deux têtes.

Haut., 2 m. 50; larg., 1 m. 12 cent.

49 — Belle croix processionnelle du XIVᵉ siècle, en cuivre doré, ornée de cabochons en cristal de roche et d'émaux. Sur une face, au centre, le Christ crucifié ; à chaque extrémité des

bras, deux figures; au pied de la croix, un personnage nu, dans l'attitude de la prière. Sur l'autre face, au centre, le Christ est assis, et à chaque extrémité de la croix les attributs des évangélistes.

5o — Très beau tableau de l'école allemande du xvie siècle, dans un cadre en bois sculpté et doré de l'époque, divisé en quatre panneaux.

La partie inférieure du tableau offre trois panneaux, représentant : 1º l'Adoration des mages; 2º la Résurrection du Christ; 3º la Pentecôte. Chaque panneau mesure : 26 centimètres de haut sur 24 centimètres de large. Le panneau de la partie supérieure représente la Vierge richement habillée, étendue sur un catafalque recouvert d'une étoffe d'or brochée de riches ornements et entourée des douze apôtres. Dans le ciel, dans un nimbe, la Vierge est assise à côté du Christ; ils ont à leur droite des prélats et des saints en prières, et à leur gauche des anges, des femmes et des enfants agenouillés en adoration.

Haut., 87 cent.; larg., 79 cent.

51 — Virgilio Pagetti, élève de Rosalba. Beau portrait de femme, cadre bois sculpté.

Haut., 76 cent.; larg., 65 cent.

52 — Très belle lanterne de mosquée, à six pans, bronze ajouré et incrusté de caractères et inscriptions d'argent.

Haut., 93 cent.

53 — Belle lanterne de mosquée, en ancien verre de Venise, accompagnée de sa boule, émaillée d'armoiries fleurdelisées alternant avec ins· criptions et devises musulmanes.

Haut., 38 cent.

ARGENTERIE

54 — Service de voyage de l'époque Empire, chiffré aux armes de l'impératrice Marie-Louise et composé de la timbale, du grand

couvert et du couvert à entremets, auquel il manque une pièce.

Ce service est contenu dans sa gaine de cuir rouge gaufré d'or.

55 — Joli sucrier en argent, de l'époque Empire. Les anses sont formées de griffons et de cygnes; la monture, circulaire, est jointe au pied par des groupes de bergers et des lyres en argent repoussé et ciselé.

56 — Belle chocolatière en argent, de l'époque de la Restauration.

57 — Porte-cure-dents en argent figurant une corne d'abondance supportée par un amour agenouillé.

CARTOUCHIÈRES ET BIJOUX

TURCS, ARABES ET CIRCASSIENS

58 à 60 — Trois cartouchières circassiennes en argent doré repoussé de fleurs et ornements,

offrant, sur les côtés et sur la face, des médaillons en argent niellé de trophées et de drapeaux.

61 à 63 — Trois cartouchières turques en argent gravé, garnies de filigranes d'argent et, au centre, une perle de corail rayé.

64 à 66 — Trois cartouchières en argent repoussé, figurant des coquilles et des rosaces alternées avec des ornements en filigrane.

67 à 69 — Trois cartouchières en argent gravé et repoussé, figurant des ornements et des minarets.

70 — Cartouchière en argent repoussé d'ornements et minarets.

71 — Collier en argent, accompagné de deux boîtes, l'une carrée et l'autre en forme de triangle, en argent repoussé et gravé.

72 — Cartouchière en argent, à ornements de filigrane et appliques en pierres de couleurs.

73 — Cartouchière ornée de filigrane d'argent, offrant, dans le centre, une cornaline cabochon, accompagnée de ses chaînes de même métal.

74 — Paire de cartouchières orientales, en argent repoussé et gravé.

75 — Chaînette et boîte en vermeil repoussé et gravé, ornée de petits grelots pendants à sa partie inférieure.

76 — Cartouchière en argent, ornée de dessins et petits clous en filigrane d'argent.

77 — Boîte en argent doré, ornée de rosaces et ornements en filigrane, offrant, au centre, un cabochon en cornaline, accompagnée de sa chaînette.

78 — Cartouchière accompagnée de sa chaîne en argent, offrant au centre une rosace et une coquille à chaque coin.

79 — Cartouchière circassienne en argent repoussé, décorée de petits vases en relief et
niellés.

80 — Petite cartouchière en argent repoussé et
ornée de glands en soie.

81 — Petite boîte à amulette en argent repoussé,
accompagnée de sa chaîne.

82 — Chachia en argent repoussé et ajouré,
garnie tout autour de petits pendentifs figurant des outils et objets de ménage.

83 — Écritoire en bois d'ébène, garni d'argent
gravé et ciselé.

84 — Grande paire d'agrafes en argent émaillé,
gravé et doré, enrichies de plaques de corail
cannelé.

85 — Grande ceinture composée de petits passants en argent repoussé en forme de V,
plaques et appliques en argent émaillé, ornée
de filigrane et de grains de corail.

86 — Élégante plaque de ceinture en argent, ornée de filigrane et d'un cabochon cornaline au centre.

87 — Plaque de ceinture en argent repoussé et doré, les passants sont en cuivre.

88 — Boucle de ceinture en argent, composée de deux plaques triangulaires et d'une carrée, ornée de filigrane et de pierres fausses.

89 — Collier en argent, auquel est suspendue une boîte à amulettes de forme triangulaire, en argent repoussé et gravé d'inscriptions orientales.

90 — Pièce analogue à la précédente, dont le repoussé figure un vase rempli de fleurs.

91 — Petit reliquaire slave en argent repoussé, représentant, sur une face, Saint Georges combattant le dragon et, sur l'autre, une croix et des ornements.

92 — Beau collier en argent doré, garni de trois amulettes de forme triangulaire, émaillées et dorées, et ornées de pendeloques.

93 à 95 — Trois plaques de ceinture en argent fondu et ciselé.

96 — Petite boîte à pierre, en argent repoussé gravé et orné de grains de corail.

97 — Boucle de ceinture en argent repoussé et orné de pierres, cornalines et agate.

98 — Fusil à aiguiser à manche d'argent gravé, accompagné de sa chaîne en argent, orné de pierres.

99 — Jolie petite plaque de ceinture en argent, garnie de filigrane et de dorure.

100 à 104 — Cinq plaques de ceinture de forme ronde, enrichies d'ornements en filigrane d'argent.

105 — Bracelet en argent doré, orné de losanges et de croissants auxquels sont suspendues des petites boules de même métal.

106 — Bracelet en argent, orné de turquoises et cornalines.

107-108 — Deux forts bracelets en argent gravé de fleurs et ornements.

109-110 — Deux bracelets en argent fondu et gravé, ornés de chaînettes de même métal.

111-112 — Deux bracelets en argent repoussé, gravé et doré, à corps se recroisant.

113-114 — Deux bracelets en argent repoussé de fleurs et arabesques, fermeture formée de deux boules à pans gravés.

115-116 — Deux bracelets arabes en argent ciselé et gravé.

117 — Grande ceinture en argent, ornée de plaquettes et filigrane d'argent, petits grelots mobiles.

118 — Collier composé de palmes en argent repoussé, reliées par des petits clous et ornées de grelots.

119 — Bracelet de travail analogue au collier précédent.

120 — Paire de bracelets en argent, garnis de petits grelots de même métal.

121 — Paire de bracelets terminés par des boules facetées en argent repoussé.

122 — Paire de bracelets en argent, ornés de filigrane et boules polies.

123 — Paire de bracelets en argent repoussé, corps terminés par deux boules facetées.

124 — Paire de bracelets en argent repoussé et gravé.

125 — Paire de bracelets en argent (chaînes) demi-boules alternées avec des barrettes en filigrane.

126 — Paire de bracelets en argent, ornements de filigrane.

127 — Paire de bracelets en argent repoussé.

128 — Paire de bracelets en argent doré, ornés de filigrane d'argent doré.

129 — Paire de bracelets en argent repoussé.

130 — Paire de bracelets en argent, ornés de rosaces et ornements repoussés dans le métal.

131 — Paire de larges bracelets ornés de boules et filigrane en argent.

132 — Paire de bracelets en argent, ornés de dessins et ornements de filigrane.

133 — Paire de bracelets ronds : torsade en argent émaillé alternée avec une torsade en argent doré et gravé.

134 — Paire de petits bracelets gravés, ornés de boules; corps terminés par deux boules facetées.

135 — Paire de bracelets, demi-jonc, ornés de petites perles de filigrane en argent.

136 — Paire de bracelets en argent, corps cannelé, ornés de trois losanges, garnis de boules.

137 — Bracelet, boules en argent et corail, orné de trois plaques garnies de filigrane.

138 — Paire de bracelets en argent, chaînettes attachées à une plaque ornée de grains de corail et de filigrane.

139 — Paire d'anneaux ronds en argent repoussé.

140 — Paire de bracelets à corps cannelés et ornés de boules en argent en relief.

141 — Paire de bracelets à têtes, ciselés et garnis de turquoises.

142 — Paire de bracelets analogue à la précédente, avec corps torsade.

143 — Paire de bracelets, corps strié, tête haute formée par un chaton et deux boules garnies de pierres dures.

144 — Petite paire d'anneaux d'argent repoussé.

145 — Paire de bracelets, chaîne tressée.

146 — Jolie petite paire de bracelets en argent doré, garnis de turquoises.

147 — Bracelet, corps garni d'un fil d'argent tressé, terminé par deux calottes d'argent uni.

148 — Bracelet, corps rond, gravé, orné d'une petite plaque ronde.

149 — Bracelet en argent, garni sur la tête de losanges, de plaques carrées en argent poli.

150 — Bracelet en argent ciselé, garni de pierres fines et fausses.

151 — Bracelet en argent ciselé gravé, orné
d'une large plaque, garnie de turquoises et
cornalines.

152 — Anneau en argent fondu et ciselé de
petites rosaces.

153 — Autre anneau de travail analogue à la
précédente pièce.

154 — Ornement de cheval en argent repercé,
accompagné de sa chaîne.

155 — Ornements de collier en argent, à boules
et calottes en filigrane ajouré.

156 — Anneau en argent doré, garni de rosaces
et de filigrane.

157 — Passant en argent repoussé, garni de six
petits grelots.

158 — Ornements de collier en argent doré,
composés de plaquettes carrées alternées de
navettes avec grelots.

159 — Gargoulette orientale à odeurs, en argent repoussé et gravé.

160 — Brûle-parfums oriental, de forme ovoïde, supporté sur un pied à trois griffes, orné d'animaux et fleurs repoussés et gravés.

161 — Collier en argent, aplati au centre et gravé, orné de chaînettes graduées.

162 — Chaîne en argent, ornée de plaques garnies de boules de corail, à laquelle est attachée une trousse d'armes.

163 — Anneau en argent aplati, pointillé et gravé.

164 à 166 — Trois bagues en argent, corps orné de filigrane, têtes carrées et gravées.

167 — Bague en argent, large corps perlé, tête formée de trois ornements en filigrane à jour.

168 — Grande bague dont la tête, de forme octogone, en argent, est gravée et niellée de rosace et ornements.

169 — Bague en cuivre, dont la tête, de forme carrée, offre, sur sa surface, une devise en caractères turcs.

170-171 — Deux anneaux, dont l'un offre, en relief, six pointes d'argent, l'autre est en argent doré.

172 — Anneau rond en argent doré, sur lequel est rapportée une plaque gravée de forme carrée.

173-174 — Deux anneaux en argent doré, sur lesquels sont rapportées deux têtes rondes festonnées.

175 — Un zarf en argent repoussé et galerie en filigrane.

176 — Un zarf en argent repoussé d'ornements et plantes.

177 — Un zarf en argent repoussé.

178 à 181 — Quatre zarfs en argent et argent doré
ajouré et repoussé.

182 à 184 — Trois zarfs en argent repoussé et
ajouré.

185 à 188 — Quatre zarfs en argent repoussé et
gravé de caractères et devises orientales.

189 à 192 — Quatre zarfs en filigrane d'argent,
ornements en filigrane.

193 à 195 — Trois zarfs en filigrane d'argent
ajouré et orné de grains de turquoises.

196 à 199 — Quatre zarfs en argent uni, à pieds
repercés, bords garnis de filigrane en argent,
à galerie.

200 à 209 — Dix zarfs en argent ajourés de filigrane en forme de palmes.

210 à 218 — Neuf zarfs en argent repoussé,
ajourés à leur partie supérieure d'arcades en
filigrane.

BIJOUX ANTIQUES

219 — Bracelet égyptien orné de petites plaquettes carrées en or repoussé et pointillé,
alternées de deux petites olives en verre bleu.

220 — Petit bracelet serpent en or, dont la tête
et la queue sont ciselées et gravées.

221-222 — Deux anneaux or, de forme olive,
dont la tête est formée l'un d'une cornaline
gravée, et l'autre d'un onyx blanc à sa base et
rouge à la pointe.

223 — Bague en or, tête ovale, offrant une plaque de cornaline gravée d'une Victoire et
d'une Minerve.

224 — Bague à tête ronde, ornée d'un cabochon
d'onyx gravé d'une déesse.

225 — Bague ornée d'un cabochon carré à coins
arrondis, gravé d'un cheval au galop.

226 — Bague or, à tête ornée d'un cabochon
grenat, gravé d'une tête de femme.

227 — Petite bague à tête ornée d'un petit onyx
ovale, gravé d'un quadrupède galopant.

228 — Bague à tête ovale, en grenat, cabochon
gravé d'une figure.

229 — Charmante petite bague à tête ronde, cornaline gravée, représentant un amour rete-
nant un chien.

230 — Anneau formé d'un lézard, en or gravé et
ciselé.

231 — Anneau or, composé de trois corps à
têtes aplaties, sur lesquelles sont gravées
trois figurines de divinités.

232 — Anneau à trois corps réunis par trois cor-
delettes avec petites boules filigrane.

233 — Petit anneau or, à tête aplatie et gravée
d'une inscription grecque.

234 — Bague en or, dont la tête est formée d'un
scarabée tournant sur une tige qui le tra-
verse.

235 — Bague dont la tête, en forme de cœur,
est ornée d'une émeraude et de deux petits
grenats. Travail arabe.

236 — Bague serpent à doubles têtes terminées
en forme de bustes de femmes.

237 — Anneau or faceté, avec chaton rond sur
la tête, dans lequel est serti un morceau de
verre blanc.

238 — Anneau en or, dont les deux extrémités
sont enlacées autour du corps et forment
coulisse.

239 — Petite bague en or, corps cannelé et chaton carré.

240 — Petite bague dont la tête est formée d'un uræus ayant sur la tête le disque du soleil.

241 — Petit collier chaînons or, parsemé de petites boules d'onyx gravé.

242 — Pendant d'oreilles, plaque en or, alterné de filigranes et orné de pampilles chaînons or.

243-244 — Deux paires de pendants d'oreilles, torsade or et lentilles demi-boules, entouré d'un petit cordé.

245-246 — Deux pendants d'oreilles or, en forme d'S.

247 — Paire d'anneaux d'oreilles, à tête de bélier et corps terminé par une torsade.

248 — Paire d'anneaux d'oreilles, têtes de lion, deux boules émeraudes, corps torsade.

249 à 252 — Quatre petites paires d'anneaux
d'oreilles, têtes de lion, de bélier, dont les
yeux sont en émail, corps torsades en or.

253-254 — Deux pendants d'oreilles or, dont un
garni de cornaline blanche, l'autre de verre.

255-256 — Deux pendants d'oreilles, anneaux
or à pampilles, chaînons terminés par de
petits grenats.

257 — Tête de bélier en or, tenant un petit
losange semé de grains d'or.

258 — Pendant d'oreilles, dont le haut représente un soleil sous lequel est un ornement
avec trois pampilles.

259 — Plaquette ronde en or repoussé.

260-261 — Deux pendants d'oreilles égyptiens,
en forme de larmes en or, repoussé de hiéroglyphes.

262 — Anneau d'oreilles, torsade or, formé
d'une figurine ayant le corps d'un génie.

263 — Anneau d'or, après lequel est suspendu un
pendant en forme de poire, orné de grains de
filigrane.

264 — Petit anneau d'oreilles, à tête fantastique,
et petit cylindre percé, en onyx blanc et noir.

265 — Fragment d'anneau d'oreilles aplati et
orné, aux extrémités et au centre, d'ornements
filigranes.

266 — Croix, dont les bras sont de forme renflée
aux extrémités.

267 — Anneau d'oreilles or, garnis de grains de
filigrane.

268 — Pendant d'oreilles torsade or et pierre,
après lequel est suspendue une tête d'animal.

269 — Deux fragments de pendants d'oreilles.

270-271 — Deux petits anneaux en or, ornements de collier.

272 — Boucle d'oreilles, chaton carré, cornaline ornée de deux pampilles en verre.

273 — Petite paire d'anneaux d'oreilles, forme
croissant.

274-275 — Deux pendants d'oreilles or, de forme
lenticulaire, avec pendeloques toupie.

276 à 278 — Paire de boucles d'oreilles et deux
boucles d'oreilles dépareillées.

279 — Importante parure égyptienne. monture
or et argent ciselé, doré et émaillé, composée :
1º du bracelet orné de deux turquoises et de
dix scarabées antiques, gravés d'inscriptions
et de hiéroglyphes ; 2º de la broche ornée, au
centre, d'un fort scarabée supporté par deux
sphinx, en pendant d'un apis en terre émaillée et d'une poire en cornaline de chaque
côté et en pendant deux uræus ; 3º une paire

de pendants d'oreilles ornés chacun de scarabées et de deux uræus ; 4° le collier orné
de quatorze scarabées antiques, de demi-perles, de turquoises, d'uræus et d'apis en terre
émaillée.

280 — Belle parure égyptienne en argent cloisonné, ciselé de personnages en relief sur
fond maté et ornée de scarabées antiques, de
rubis et d'émeraudes ; composée du bracelet,
de la broche et des pendants d'oreilles.

281 — Lampe romaine antique, représentant un
enfant ailé tenant sous son bras un dauphin.

Haut., 20 cent.

282 — Collier composé de rosettes en filigrane,
orné, au fermoir et au centre, de camées en
turquoises ; en pendentifs, six scarabées al-
ternés avec six perles fines.

PORCELAINES DE SAXE

283 — Belle jardinière, de forme ovale, en ancienne porcelaine de Saxe, à médaillons sur les deux faces, représentant des scènes pastorales. Les anses sont formées de têtes de lion.

284 — Beau vase en porcelaine de Saxe, de forme ronde, à décors, sur les deux faces, de sujets représentant des scènes flamandes; monture bronze doré.

285-286 — Deux remarquables groupes, représentant :

Vénus dans un char, tenant une pomme dans la main.

Jupiter dans un char traîné par un amour.

287 à 293 — Sept statuettes en ancienne porcelaine de Saxe : *Triton*, l'*Agriculture*, l'*Abondance*, *Nymphe*, *Amour*, *Fleuve* et *Source*.

294 — Charmant petit groupe d'enfants supportant un cartouche.

295 — Petite fille jouant du violoncelle.

296 — Petit guerrier dans le goût de l'époque
Louis XIV.

297-298 — L'Amour portant les attributs royaux
et l'Amour se couronnant.

299-300 — Le Mathématicien et l'Enfant se chauf-
fant.

301 à 310 — Dix petites statuettes en ancienne
porcelaine de Saxe :

L'Amour musicien, l'Amour au violon,
l'Amour soldat, l'Amour gentilhomme, l'A-
mour invalide, l'Amour cuisinier, l'Amour
hussard, l'Amour perruquier, l'Amour fri-
leux, l'Amour à la lanterne.

311 — Charmante petite salière formée d'une
jardinière assise sur ses paniers.

312 — Les Lutteurs, groupe en ancienne porcelaine de Vienne.

313 — Joli compotier en ancienne porcelaine de Vienne, à bordure verte et à bouquets de fleurs. Le bouton du couvercle est formé d'une branche de fleurs.

314 à 319 — Six statuettes : la *Servante*, l'*Amour*, *Cassandre*, l'*Amour chanteur*, *Mois d'avril*, *Mois de juillet*, le *Cuisinier*.

PORCELAINES

DE LA CHINE ET DU JAPON

320-321 — Deux beaux plats en ancien Japon, fond blanc, à décors polychromes de fleurs et ornements.

Diam., 55 et 5o cent.

322 — Joli plat en ancienne porcelaine du Japon, fond bleu à décors de fleurs or.

Diam., 5o cent.

323 — Service à thé composé de vingt-neuf

pièces : bols, tasses, théière, etc., le tout en
porcelaine de Chine, à décors de fleurs et ornements sur fond blanc. (Incomplet.)

324 — Autre service à thé, incomplet, composé
de dix-sept pièces, à décors de médaillons
ronds et fleurs polychromes sur fond or.

325 — Beau plateau de forme rectangulaire, en
ancien Chine, à décors de dragon vert à cinq
griffes, sur fond jaune.

326 — Bel écran rond, en ancienne porcelaine
de Chine, à décors d'oiseaux et fleurs, sou-
tenu par deux statuettes de femmes supportant un petit vase à décors de paysage.

327 — Très jolie statuette en ancienne porcelaine de Chine, représentant une femme tenant d'une main un sceptre et assise sur un
dragon. Le décor polychrome de cette pièce
est d'une finesse remarquable.

328 — Autre statuette en ancienne porcelaine de

Chine, représentant une femme assise, les
jambes croisées, sur un piédestal formé de
fleurs et de feuillages.

329 — Petit vase en céladon, gravure sous émail,
à anses têtes d'éléphant.

330 — Grand vase en céladon, à lézards rampant
sur le col.

331 — Deux tasses, accompagnées de leurs soucoupes et leurs couvercles, en faïence cra-
quelée, à décors à personnages guerriers japonais.

332 — Joli petit flacon jumeaux à décors fleurs
sur fond blanc, et sur l'autre, fond rouge.

333-334 — Une potiche et deux pots à anses,
en porcelaine du Japon, à décors fleurs, sur
fond bleu, alterné avec des fleurs sur fond
blanc et vermicellé rouge.

335 — Joli petit sucrier en porcelaine de l'Inde,
à anses, décor de fleurs bleu et or sur fond
blanc.

336 — Six tasses en porcelaine de Chine, décor
à personnages fond blanc, accompagnées de
leurs soucoupes.

337 — Quatorze pièces, coupes, soucoupes et
salières en porcelaine de Chine, à décors
divers.

338 — Flacon en ancienne porcelaine de Chine,
décors de fleurs polychromes sur fond blanc.

ÉMAUX CLOISONNÉS

339 — Très remarquable brûle-parfums en émail
cloisonné, reposant sur trois têtes d'éléphants dorées, émaillées et ornées de pierres
précieuses. Les anses sont formées de deux
têtes d'éléphants renversées. Le couvercle
ajouré présente trois médaillons cloisonnés.
Le bouton est formé de trois éléphants dos à
dos.

Sur pied en bois de fer.

Haut., 60 cent.

340 — Deux éléphants brûle-parfums, en ancien
émail cloisonné et ornés de pierres précieuses.

Haut., 28 cent.; larg., 29 cent.

341 — Paire de potiches en émail cloisonné, à
décors de médaillons décorés de dragons.

Haut., 36 cent.

342 — Beau vase en émail cloisonné, à reliefs
de bronze doré.

Haut., 54 cent.

343 — Petit vase de forme basse, sur trois pieds,
décors de fleurs sur fond blanc.

344 — Petit bol en émail cloisonné.

345 — Petit vase en émail cloisonné, à riche
décor de fleurs.

Haut., 26 cent.

346 — Deux belles gargoulettes en ancien émail
cloisonné du Japon.

Haut., 33 cent.

347 — Grand plateau de forme rectangulaire, à coins arrondis, offrant sur ses deux faces des décors de fleurs et ornements polychromes, au centre une inscription persane. Travail indo-chinois du xviiᵉ siècle.

348 — Très belle paire de potiches en ancien émail cloisonné du Japon, offrant d'un côté un médaillon représentant un guerrier en grand costume de guerre, et de l'autre côté un dragon.

349 — Autre paire de potiches, travail analogue à la précédente et dont les médaillons représentent des fleurs.

350 — Très joli vase en émail cloisonné, à panses renflées, offrant sur les côtés quatre montants en bronze dentelés et gravés.

351 — Boîte indienne à compartiments, en fer, enrichie d'incrustations d'argent.

352 — Grand plat rond en émail, décoré de branches et de fleurs. Ancien travail chinois.

353 — Bol ajouré et orné de palmes et de fleurs
ajourées.

354 — Vase, de travail analogue à la pièce précédente.

355 — Belle aiguière en cuivre émaillé, à panses
aplaties et décorée de fleurs et ornements.

356 — Flacon à odeur, décoré de fleurs et arabesques.

357 — Six tasses accompagnées de leurs plateaux,
de forme quadrangulaire, à coins arrondis,
dcorées d'arabesques et dragons en peinture
noir et or.

358 — Six tasses et six soucoupes en cuivre
émaillé, de forme carrée, à coins arrondis,
décorées de personnages dans un paysage.

359 — Joli petit service à bords festonnés, décor
fond rose, à rinceaux de fleurs et ornements,
composé de six tasses, six soucoupes et six
cuillers.

360 — Jardinière tripode, en émail cloisonné, à monture de bronze gravé.

361 à 365 — Cinq petites tasses dépareillées en émail décoré de différentes couleurs.

366 — Petit bol en émail cloisonné, dont l'intérieur est décoré de poissons. Ancien travail japonais.

367 — Fragment de brûle-parfums en émail cloisonné de la Chine.

368 — Fragments de narghilé, en métal richement incrusté de fleurs et arabesques en argent.

BRONZES

DE LA CHINE ET DU JAPON

369 — Élégante potiche, à panse renflée et à goulot allongé en forme de fleur de lotus, bronze incrusté de légers filets d'argent.

370 — Deux beaux vases en bronze, à hauts-
reliefs de personnages, animaux et feuillages,
accompagnés de leur pied en bambou.

Haut., 70 cent.

371 — Divinité debout sur un quadrupède fantastique.

Haut., 14 cent.

372 — Personnage barbu, debout sur une
branche d'arbre.

Haut., 27 cent.

373 — Petite statuette de prêtre debout sur un
socle en terre laquée et émaillée.

Haut., 24 cent.

374 — Brûle-parfums : Enfant jouant de la gui-
tare, grimpé sur une antilope.

Haut., 15 cent.

375 — Vase cylindrique, à branche de fraisier,
en relief.

Haut., 15 cent.

376-377 — Deux petites statuettes : Enfant et Divinité.

Haut., 27 cent.

378 — Petite statuette indienne, en argent.

Haut., 15 cent.

379 — Divinité indienne accroupie, vieux bronze à fonds dorés.

Haut., 20 cent.

380 — Charmante statuette, bronze laque et doré.

Haut., 20 cent.

381 — Poussah accroupi, sur lequel sont grimpés cinq enfants.

Haut., 14 cent.

382 — Brûle-parfums rond, à relief de serpents, de feuillages et d'animaux ; le bouton du couvercle est formé d'un chien.

Haut., 24 cent.

383 — Paysan debout sur un crapaud fantastique.

Haut., 31 cent.

384 — Poussah et son enfant portant sur le dos un énorme sac.

Haut., 20 cent.

385 — Joli bambou à taches d'or.

Haut., 22 cent.

386 — Support ou socle formé par une chimère.

Haut., 22 cent.

387 — Charmant petit bouddah, vieux bronze à fond doré.

Haut., 26 cent.

388 — Chimère appuyée sur une boule ajourée.

389 — Enfant tenant un crapaud à la main, grimpé sur un crapaud monstrueux à trois pieds.

Haut., 32 cent.

390-391 — Deux statuettes bronze : Prêtre et personnage.

Haut., 21 cent.

392-393 — Deux statuettes : Équilibriste et
Sorcier soutenant des branchages.

Haut., 3o cent.

394 — Brûle-parfums : Canard sur un socle
rond.

Haut., 26 cent.

395-396 — Deux petites · statuettes d'enfants,
dont l'un joue de la flûte, et l'autre tient un
panier à la main.

Haut., 25 cent.

397 — Statuette de prêtre joignant les mains
dans l'attitude de la prière, sur socle ovale.

Haut., 25 cent.

398 — Charmant brûle-parfums formé par un
canard, dont une des pattes forme pivot et
est monté sur un pied carré, bronze à patine
de taches d'or.

Haut., 32 cent.

399-400 — Deux statuettes de Divinités montées
sur socle sexagonal ajouré.

Haut., 27 cent.

401-402 — Deux groupes en ancien bronze de la
Chine, formés de deux terrasses ou socles de
forme carrée, à coins arrondis dans le fond,
sur lesquels sont trois petites divinités ; des
traces de dorure sont visibles dans les creux.

403 — Divinité guerrière, dans une niche en bois
sculpté ajouré, à fond doré.

404 — Potiche à panse renflée, incrustée d'or.

Haut., 21 cent.

405 — Petit vase de forme carrée à long col,
anses formées de deux têtes d'animaux.

Haut., 28 cent.

406 — Très beau vase à panse aplatie, offrant
des reliefs de têtes d'éléphants et de chimères.

Haut., 22 cent.

407 — Petit bambou aplati, à col gravé.

Haut., 15 cent.

408 — Flambeau en bronze, offrant en relief une branche de vigne.

Haut., 20 cent.

409 — Petit flacon en bronze uni à long col.

Haut., 18 cent.

410 — Petite cloche ornée en relief de caractères, poignée formée de deux chimères accouplées.

Haut., 18 cent.

411 à 415 — Cinq petits vases à anses formés de personnages, feuillages et monstres. Les corps sont ciselés en relief de personnages et paysages.

Haut., 18 cent.

416-417 — Deux paires de cornets, à corps cylindriques évasés au sommet, offrant des ornements en relief.

Haut., 26 cent.
Haut., 28 cent.

418 — Cornet en bronze, à base ciselée, partie supérieure évasée et unie.

419 — Jolie petite paire de porte-cierges, à base
ajourée et carrée. Le corps est entouré par
un dragon en relief.

Haut., 21 cent.

420 — Coupe de forme surbaissée, à ornements
en relief et dorés.

421 — Plaque ronde et petit vase en bronze
ciselé.

IVOIRES

422 — Charmant écran en ivoire gravé d'un côté
d'inscriptions et ornements à fonds dorés, de
l'autre côté de personnages devant une maison.
Le support est formé de montants peints en
vert et ajourés.

Haut., 27 cent.; larg., 42 cent.

423 à 425 — Trois pitongs en ivoire offrant sur
le pourtour des rondes d'enfants, de femmes
et de guerriers, socles en bois laqué et à trois
pieds.

Haut., 10 cent.

426-427 — Deux autres pitongs dont l'un représente une suite de pèlerins marchant dans les flots, et l'autre deux hommes luttant devant une assemblée.

Sur socle en bois laqué.

Haut., 10 cent.; larg., 8 cent.

428-429 — Deux pitongs formés de squelettes groupés après lesquels grimpent des grenouilles.

Haut., 12 cent.

430 — Pitong en ivoire laqué, offrant sur les faces d'un côté un portrait d'homme, de l'autre un portrait de femme sculpté en relief et décoré en couleur.

Haut., 12 cent.

431-432 — Deux pitongs : tigres, lions, éléphants et serpents dans les bambous.

Haut., 19 cent.; larg., 20 cent.

433-434 — Deux grands pitongs : groupe d'homme ouvrant la mâchoire d'un serpent, et l'autre un tigre enlacé par un reptile.

Haut., 23 cent.

435 — Très important pitong en ivoire, orné sur sa surface d'un personnage et poisson en relief et laqués d'or, monté sur un pied de laque.

Haut., 36 cent.

436 — Groupe d'homme et enfant appuyés contre un arbre sur lequel deux singes sont perchés.

Haut., 3o cent.

437 — Femme portant une branche sur laquelle est un singe habillé.

Haut., 21 cent.

438 — Vieillard avec un bâton de voyage à la main, portant un enfant sur son dos, ayant un autre enfant près de lui, tous trois portés par une tortue nageant sur les vagues.

Haut., 19 cent.

439 à 441 — Trois femmes vues de face, portées par une tortue nageant.

Haut., 16 cent.

442-443 — Deux groupes de prêtres dont l'un
est monté sur un tigre, l'autre sur un éléphant.

Haut., 12 cent.

444-445 — Deux prêtres voyageant, montés sur
des oiseaux.

Haut., 14 cent.

446 — Femme accroupie sur une antilope et
jouant de la mandoline.

Haut., 18 cent.

447 — Vieillard assis sur une antilope, tenant
en ses mains un rouleau d'inscriptions
déplié.

Haut., 14 cent.

448-449 — Deux statuettes de femmes en costume.

Haut., 14 cent.

450-451 — Deux statuettes de personnages dont
l'un est en costume de ville, l'autre en costume guerrier tient à la main une lance au
bout de laquelle est une tête coupée.

452-453 — Deux statuettes : prêtres tenant un
bâton à la main ; à côté de l'un d'eux est une
cigogne, l'autre a la coiffure formée d'une
tortue.

Haut., 13 cent.

454 — Vieillard debout sur une tortue, une
tortue sur la tête ; il tient d'une main un
écran, de l'autre un bâton.

Haut., 15 cent.

455 à 457 — Trois statuettes de personnages à
longues barbes, tenant en leurs mains des
lances et bâtons.

Haut., 23 cent.
Haut., 20 cent.
Haut., 17 cent.

458 — Groupe de deux femmes voyageant, l'une
d'elle tient un enfant sur ses épaules.

459 — Groupe formé d'un tigre sur lequel sont
trois singes appuyés contre une femme.

Haut., 15 cent.

460-461 — Deux statuettes dont une représente

une femme après laquelle grimpe un singe,
l'autre un personnage tenant une branche de
thé à la main.

Haut., 12 cent.

462-463 — Deux statuettes de femmes dont une
tient un singe sur son épaule et l'autre un
enfant par la main.

464 à 466 — Trois statuettes dont une représente
un personnage menaçant un chien, la seconde
une femme tenant un singe sur son épaule et
la troisième un homme levant les bras en
l'air.

Haut., 12 cent.

467 — Groupe représentant un homme surpris
par un serpent dans un rocher ; sur le sommet
un enfant s'apprête à écraser la tête du serpent
avec une dalle.

Haut., 19 cent.

468 — Aigle perché sur le sommet d'un tronc
d'arbre et guettant des singes et un serpent.

Haut., 21 cent.

469 à 471 — Trois petites statuettes de personnages en costume de ville et armure.

Haut., 16 cent.

472-473 — Deux groupes de femmes et enfants, l'une coiffe son enfant et l'autre ayant une hotte sur le dos tient un enfant par la main.

Haut., 10 cent.

474 — Charmante petite ronde de six vieillards abrités par un parapluie.

Haut., 6 cent.

475-476 — Deux groupes dont l'un représente un squelette debout sur une tête coupée, et l'autre un personnage et un enfant à bras démesurés.

Haut., 11 cent.

477 — Cachet figurant un quadrupède fantastique.

Haut., 7 cent.

478-479 — Deux groupes d'équilibristes soutenant une perche après laquelle sont grimpés trois singes.

Haut., 13 cent.

480 à 482 — Trois statuettes : femme, pèlerin et guerrier.

Haut., 14 cent.

483-484 — Petit groupe : femme et enfant laissant battre deux chiens.

Haut., 5 cent.

485 — Groupe de squelettes portant un petit squelette d'enfant sur ses épaules et tenant un singe par la main.

Haut., 14 cent.

486 — Femme nue couchée et appuyée sur son coude.

Haut., 13 cent.

487 — Femme à moitié nue, agenouillée.

Haut., 9 cent.

488 — Groupe de femme tenant un enfant à la main.

Haut., 12 cent.

489-490 — Deux statuettes dont une en costume
de ville, l'autre en costume guerrier tient à la
main un fléau d'armes.

Haut., 12 cent.

491 — Magicien assis devant une table, portant
un vase sur son épaule.

Haut., 8 cent.

492 — Femme accroupie agitant les cendres d'un
brasero.

Haut., 6 cent.

493 — Homme moitié nu, tenant un poisson à
la main.

Haut., 9 cent.

494 — Petit groupe de femmes dont l'une debout
porte une botte sur sa tête et l'autre est
accroupie et fume.

Haut., 5 cent.

495 — Petit neské : enfant grotesque portant un
sac sur son dos.

Haut., 8 cent.

LAQUES

496 — Boîte de dessinateur en laque de Pékin, contenant sa petite bouteille à eau et sa planche à délayer l'encre.

497 — Petit vase à couvercle en laque incrusté de nacre et orné de paysages.

498 — Petit vase analogue au précédent.

499 — Joli cabinet en laque d'or, portes et devants de tiroirs en ivoire, orné de fleurs et oiseaux en laque, charnières en cuivre gravé.
Très élégant socle, pareil au cabinet ci-dessus et garni de tiroirs.

ARMES EUROPÉENNES

ET ORIENTALES

500 — Beau fusil dont la crosse sculptée est gravée en argent ciselé, figurant des orne-

ments et trophées d'armes orientales. La
batterie et le canon, en acier incrusté d'or,
portent la signature : *Boutet, artiste, directeur de la manufacture de Versailles.* Travail de la fin du xviiie siècle.

5o1-5o2 — Deux très élégantes arquebuses de
chasse, de travail italien du xviiie siècle,
bois très richement incrusté de rinceaux et
chimères en ivoire et nacre gravés. Batterie
à pierre ainsi que le chien ajourés, repercés
et gravés. Canons incrustés d'ornements et
croissants en argent.

5o3 — Petite arquebuse à rouet, crosse incrustée
d'ornements et de plaques d'ivoire gravée ; la
partie inférieure de la crosse est ornée d'un
écusson gravé du monogramme A E I, surmonté d'une couronne. xviie siècle.

5o4 — Mousquet à rouet du xviie siècle, à bois
sculpté ; la batterie légèrement gravée. Le
chien et son ressort sont ajourés de mascarons à jour.

5o5 — Carabine d'arçon espagnole; la garniture de la crosse ainsi que la batterie et le canon sont en acier gravé et incrusté de cuivre.

5o6 — Très jolie hallebarde à lame langue de bœuf, offrant sur chacune de ses faces une armoirie surmontée d'une couronne royale, gravée et dorée dans la gravure. xviie siècle.

5o7 — Épée à deux mains, à lame flamboyante, à quillons légèrement recourbés. xvie siècle.

5o8 — Épée à deux mains, à lame droite, quillons aplatis et contournés. xvie siècle.

5o9 — Très élégante épée de cour, époque Louis XIV, à garde et pommeau finement ciselés de médaillons et feuillages en relief sur fond sablé d'or; lame à double gouttière d'évidement, à fond doré et repercé à jour.

51o — Couteau de chasse, époque Louis XV, garde en bronze ciselé d'ornements rocailles et de sujets de chasse; le talon de la lame est gravé d'animaux.

5i1 — Joli couteau de chasse, lame gravée et
dorée au talon ; fourreau en galuchat blanc,
garni, ainsi que la poignée d'ivoire, de passants et plaques d'argent repoussé et ciselé.
Époque Louis XV.

5i2 — Couteau de chasse de l'époque Louis XIV,
garde en fer ornée d'incrustations d'argent.

5i3 — Très élégante paire de pistolets, bois très
finement sculptés ; la batterie, ainsi que le
canon, la crosse et les garnitures sont en
acier finement ciselé de mascarons, bustes de
personnages, fleurs et rinceaux. Beau travail
italien de l'époque Louis XIV.

5i4 — Belle armure indienne, composée de
quatre plaques en damas incrustées de fleurs,
rinceaux et arabesques d'or, et reliées entre
elles par des charnières.

5i5-5i6 — Deux brassards circassiens en fer,
ornés d'inscriptions et ornements incrustés
d'or.

517 — Belle hache indienne à double tranchant, en fer richement incrusté d'arabesques en or.

518 — Joli cimeterre oriental à lame de Damas, offrant à la pointe un renflement qui est, ainsi que le talon, gravé d'inscriptions musulmanes; les quillons, en argent fondu et ciselé, sont adaptés sur une poignée en ivoire de morse incrusté de losanges d'argent enrichis de grains de corail; le fourreau, en cuivre, est garni d'argent repoussé et ciselé.

519 — Petit cimeterre persan, lame en Damas fin à nervures sur le dos, incrustée d'ornements d'or; poignée en corne de rhinocéros, garnie de cuivre gravé; fourreau en cuir, garni de métal gravé.

520 — Curieux sabre indien, à poignée de cuivre ornée de cercles et de clous en argent; la garniture du fourreau, ainsi que le quillon et le pommeau, sont en fer incrusté d'animaux fantastiques en or.

521 — Petit cimeterre indien, lame ornée, au

talon, d'inscriptions et arabesques incrustées
en or ; poignée en corne de rhinocéros ; le
fourreau est en cuir cousu d'argent.

522 à 526 — Cinq poignards indiens, à lames
droites, courbes, ajourées et gravées, à leur
talon, d'inscriptions, animaux et arabesques ;
poignées en bois, fer et ivoire de morse, sim-
ples et ornées de fer incrusté d'or et de clous
d'argent.

527-528 — Deux jolis poignards indiens, à
lames incrustées d'or et manches de jade
vert ; le fourreau de l'un d'eux est garni
d'argent.

529 — Poignard indien, lame de Damas, dont le
talon est gravé d'arabesques ; le manche, en
ivoire de morse, est garni de clous en turquoises.

530 à 532 — Trois poignards turcs, à poignée
d'ivoire et de jade ; fourreaux en soie brochée
et en argent repoussé et gravé. (Sera divisé.)

533-534 — Deux poignards persans, à lames
courbes ajourées et incrustées d'or; poignées
en ivoire de morse uni et gravé; fourreaux
en argent repoussé et gravé.

535 à 537 — Trois yatagans, lames de Damas
incrustées d'ornements et inscriptions orientales; poignées en ivoire de morse incrusté
d'argent enrichi de corail; fourreaux en cuir,
argent, métal et velours.

538 — Petit yatagan à lame richement incrustée
d'or; la poignée, en corne de rhinocéros, est
garnie de fer incrusté d'or.

539-540 — Deux poignards turcs, à lames droites
retenues au manche par des attaches d'argent
ciselé et doré; fourreaux en argent gravé et
doré. (Sera divisé.)

541-542 — Deux petits poignards orientaux, à
manches garnis d'ivoire de morse; fourreaux
en argent repoussé et gravé. (Sera divisé.)

543 à 546 — Quatre poignards du Caucase, à
lames droites ; poignées en corne et ivoire de
morse, garnies, ainsi que les fourreaux, de
plaques d'argent niellé. (Sera divisé.)

547 — Poignard du Caucase dont le manche, en
marbre jaspé, est garni en argent miellé et
orné, à sa partie inférieure, d'un anneau garni
de turquoises.

548 — Petit poignard, manche en fer garni de
clous à têtes carrées incrustées d'or.

549 — Couteau persan, lame ornée d'inscriptions, long manche en cuivre uni.

550 à 555 — Six poignards persans à lames droites, courbes, évidées, gravées, incrustées d'ornements et inscriptions or ; manches en ivoire
de morse, corne noire et blanche d'une seule
pièce et garnis de fer et argent, les fourreaux
en cuir, velours, argent et cuir garni et non
garni.

556 — Couteau musulman à lame droite et poignée formée d'un os, gaine en laine rouge tressée.

557 — Trousse garnie de deux couteaux, lames Damas, manches en ivoire de morse garni d'argent niellé enrichi de turquoises.
Travail du Caucase.

558-559 — Sabre et poignard du Caucase, dont les talons des lames sont ornés d'argent niellé. Les manches, en corne, sont garnis d'argent et, à leur extrémité inférieure, d'anneaux garnis de turquoises.

560 — Flissah kabyle à lame droite, dont le talon, ainsi que la poignée, en ivoire de morse, sont garnis d'argent ciselé incrusté de perles de corail.

561 à 564 — Quatre couteaux orientaux à manches en corne, jade et ivoire de morse garni d'argent.
(Sera divisé.)

565 à 567 — Trois javelots turcs incrustés d'a-
rabesques d'argent et de parties dorées.

568-569 — Deux javelots turcs, manches garnis
de velours, l'un est brodé d'ornements d'or
et garni de son fer à l'extrémité inférieure.

570 — Belle paire de pistolets grecs, bois finement sculpté incrusté d'argent et richement
garni, ainsi que la crosse, d'ornements en
filigrane d'argent, de grains de corail. Btɔɟa-
ries et canons en damas incrusté d'or et d'argent, contenus dans leur fonte de cuir sou-
taché.

571 — Paire de pistolets orientaux, bois sculpté,
crosses garnies d'argent gravé. Canons et bat-
teries ainsi que la contre-platine en fer ajouré
et gravé.

572 — Pistolet turc, bois incrusté de filigranes
d'argent, crosse et garniture d'argent ciselé et
gravé, batterie et canon en fer orné d'attributs.

573 — Petite carabine orientale, dont le canon
et la batterie sont richement incrustés d'or.

574 — Beau canon de fusil de rempart turc, incrusté d'ornements d'or et cannelures en
arêtes.

575 — Fusil de rempart, dont le canon en Damas
fin est richement incrusté d'or; la monture
est en cuivre gravé. La batterie est signée :
La Motte aîné à Saint-Étienne.

576 — Paire de pistolets, batterie et canon de
fabrication italienne, garniture albanaise en
cuivre et argent repoussé.

577 — Paire de pistolets albanais, monture argent fondu ciselé et doré.

578 à 580 — Trois fusils kurdes, crosses piquées
de cuivre, incrustées de plaques d'ivoire et
de nacre; garnitures argent et cuivre repoussé, canons incrustés d'ornements d'argent.
(Sera divisé.)

BOIS SCULPTÉS

581-582 — Deux pitongs en bois ajouré de personnages et bambous en relief.

Haut., 27 cent.

583 — Curieuse racine sculptée, dans laquelle est prise un animal fantastique, aux yeux d'émail, servant de socle à un génie portant une colonne de feu dans sa main.

Haut., 80 cent.

584-585 — Deux statuettes équilibristes tenant une tête de mort dans leurs mains levées en l'air.

Haut., 42 cent.

586-587 — Deux statuettes : Femmes accompapagnées d'animaux fantastiques.

Haut., 38 cent.

588-589 — Deux faisans à ailes ajourées, dont la tête retournée tient une branche dans le bec.

Haut., 34 cent.

590-591 — Deux jonques de pêcheurs, ajourées de personnages en relief et de filets.

592-593 — Deux prêtres ou génies sculptés dans une racine d'arbre.

Haut., 35 cent.

594 à 597 — Trois pitongs en bois sculpté, représentant une montagne ombragée d'arbres ; au sommet, est une pagode vers laquelle se dirige une procession de pèlerins.

Haut., 36 cent.

597 à 600 — Quatre statuettes de personnages, en bois sculpté, pris à même dans une racine.

601 — Statuette en bois sculpté, représentant un Dieu, sur la robe duquel sont sculptés en relief des personnages et animaux.

Haut., 96 cent.

602-603 — Deux statuettes : personnages chevauchant sur un buffle.

604 — Sorcier assis sur un tabouret, dont les pieds sont tirés par des génies.

Haut., 26 cent.

605 — Statuette de prêtre en voyage, tenant un bâton à la main.

Haut., 34 cent.

606 — Homme en promenade, à qui un enfant offre des fruits.

Haut., 35 cent.

607 — Buffle sur lequel sont montés trois enfants, et ayant sur le relief de son corps un petit buffle.

Haut., 21 cent.

608 — Jolie statuette de mandarin assis, tenant un sceptre dans sa main, robe richement sculptée d'ornements en relief, fonds dorés et bois laqué.

Haut., 23 cent.

609 — Mandarin assis, à tête auréolée, dont le

vêtement, en bois laqué et doré, est finement
sculpté, sur un socle ajouré.

Haut., 15 cent.

610 — Mendiant avec un enfant marchant à ses
côtés.

Haut., 22 cent.

611 — Deux enfants debout sur un crapaud.

Haut., 17 cent.

612 à 621 — Dix beaux tapis d'Orient, de nuan-
ces et dessins variés.

www.ingramcontent.com/pod-product-compliance
Ingram Content Group UK Ltd.
Pitfield, Milton Keynes, MK11 3LW, UK
UKHW031820170726
13836UKWH00003B/1474